Alexander Pajtak

# Neun entscheidende Schritte
## zum erfolgreichsten Anlagekonzept
## der Welt

Copyright: © 2014 KORTEX Konzept GmbH, Ulm
www.kortex-konzept.de

Verlag: tredition GmbH, Hamburg
Printed in Germany

Haftungsausschluss:
Investieren heißt immer auch Risiken übernehmen. Wertpapieranlagen sind mit Verlustgefahren verbunden. Wir können daher keine Haftung für Schäden übernehmen, die aus der Interpretation oder Umsetzung der in diesem Buch getroffenen Aussagen resultieren. Die Aussagen in diesem Buch sind persönliche Meinungsäußerungen des Autors und auf keinen Fall als Anlageempfehlungen im Sinne des Wertpapierhandelsgesetzes zu verstehen.

Bibliografische Information der Deutschen Nationalbibliothek:
Die Deutsche Nationalbibliothek verzeichnet diese Publikation in der Deutschen Nationalbibliografie; detaillierte bibliografische Daten sind im Internet über http://dnb.d-nb.de abrufbar.

# Inhalt

# Vorwort

Kennen Sie das Gefühl? Sie wollen Ihr Geld anlegen und sehen den Wald vor lauter Bäumen nicht? Die einen sagen dies, die anderen jenes. Ein Blick ins Internet und in Magazine macht die Sache nur noch verwirrender: Hier finden Sie unzählige Tipps und Tricks. Doch welcher ist erfolgsversprechend und welcher nicht? Am Ende bleibt die Frage: Wie soll ich mein Geld anlegen?

Viele wohlhabende Menschen stehen heute vor schwierigen finanziellen Entscheidungen und stellen ganz zu Recht wichtige Fragen.

Damit Sie weise Entscheidungen treffen können, habe ich für Sie die wichtigsten Schritte kurz und prägnant zusammengefasst. Nur Anleger, die die grundlegenden Prinzipien der Geldanlage verstanden haben, sind zufriedene Anleger. Wenn Sie die grundlegenden Stellschrauben kennen, können Sie Ihren Anlageweg und den richtigen Berater für sich finden.

Erfolgreiches Anlegen bedeutet, sein Geld so anzulegen, dass es einerseits langfristig sicher ist, andererseits solide Erträge erwirtschaftet. Um die Frage zu beantworten, wie Sie dieses Ziel erreichen können, stütze ich mich auf zahlreiche Forschungsarbeiten und die Forschungsergebnisse von fünf Trägern des Nobelpreises für Wirtschaftswissenschaften.

Da mein Team und ich wissen, dass in der heutigen Zeit das Erreichen Ihrer Finanzziele mehr als nur gute Anlageverwaltung erfordert, skizzieren wir außerdem ein Konzept der umfassenden Vermögensplanung, das die gesamte Bandbreite Ihrer finanziellen Herausforderungen behandelt.

Wir wünschen Ihnen viel Erfolg bei Ihrem Streben nach den Dingen, die Ihnen wichtig sind.

Allzeit besten Anlageerfolg!

Alexander Pajtak

# Der Unterschied:

# Alles außer gewöhnlich

In der Fachwelt wird unterschieden zwischen Anlageberatern und Personen, die finanziellen Wohlstand planen. Letztere Gruppe, die der sogenannten Wealth-Manager, betrachtet die Vermögenssituation aus einem anderen Blickwinkel als die erstgenannte. Um es etwas provokant zu sagen: Anlageberater sehen Geldanlagen aus der Froschperspektive. Sie warten auf Gelegenheiten und schnappen zu, wenn sich gute Gelegenheiten bieten. Demgegenüber nehmen Wealth-Manager die Gesamtsituation aus der Vogelperspektive in den Blick und überschauen somit ein größeres Spektrum.

Weltweit arbeiten die besten Wealth-Manager in der Schnittmenge aus Anlageberatung, umfassender Vermögensplanung und Kundenservice. Eine Studie des Beratungsunternehmens CEG Worldwide zeigt, dass weltweit nur 6,6 Prozent aller Berater in der Lage sind, dieses komplexe Serviceangebot zu erbringen.

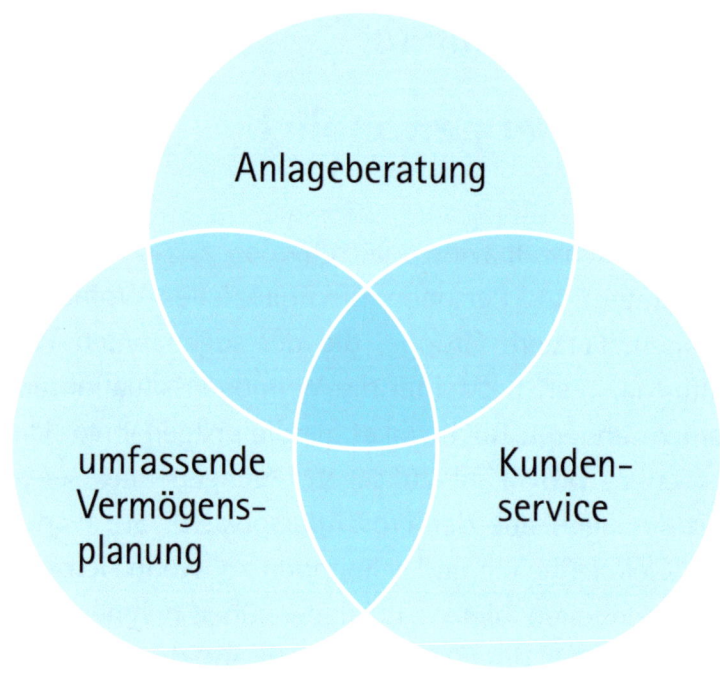

Anlageberatung gibt Empfehlungen ab. Sie möchte dem Kunden aufzeigen, wie er sein Kapital bestmöglich, das heißt seinen Bedürfnissen entsprechend, investieren kann, sei es in den Kapitalmarkt, in Immobilien, Aktien, Investmentfonds oder sonstige Werte. Um dies zu leisten, ist ein tiefes Verständnis der wichtigsten Bedürfnisse des Kunden unerlässlich. Der Berater muss ein Anlagekonzept entwerfen, das den zeitlichen Anlagehorizont und die Risikobereitschaft seines Kunden berücksichtigt. Und er muss die

Chancen und Risiken der Anlagen, die in Betracht kommen, genau abwägen. Zu seinen Aufgaben gehört es auch, die Investitionen des Kunden zu überwachen. Er beobachtet Marktveränderungen und kundenspezifische Entwicklungen und passt gegebenenfalls das Konzept den geänderten Bedingungen an.

Umfassende Vermögensplanung geht über die reine Anlageberatung hinaus. Sie betrachtet aus der Vogelperspektive die finanzielle Situation des Kunden und zieht weitere finanzielle Aspekte wie Besitz, Vermögenssteigerung, Vermögensübertragung, Vermögensschutz oder auch wohltätige Spenden mit ein.

Die besten Berater konzentrieren sich auf den Kundenservice und ihre Beziehungen zu drei unterschiedlichen Gruppen. Die erste Beziehung ist diejenige zu ihren Kunden. Wer Kundenwünsche nachhaltig erfüllen möchte, der muss eine vertrauensvolle Beziehung zu seinen Kunden pflegen. Die zweite erstreckt sich auf ihr Netzwerk von Experten, auf das sie bei besonderen Kundenwünschen zurückgreifen können. Die dritte ist die zu den Partnern ihrer Kunden, zum Beispiel zu deren Steuerberatern. Diesen gegenüber verpflichten sie sich zu einer vertrauensvollen Zusammenarbeit.

In diesem Büchlein liegt der Schwerpunkt auf der Anlageberatung. Aber denken Sie daran: Anlageberatung ist nur ein Teilaspekt Ihres persönlichen Wohlstands. Ihre finanzielle Situation ist komplexer, und nur die besten Berater beherrschen die Komplexität, die sich daraus ergibt, dass die finanzielle Seite nur einer von vielen Faktoren ist, die Ihren Wohlstand bestimmen.

Das Ziel dieses Büchlein ist es, Ihnen das passende Rüstzeug für kluge Finanzentscheidungen vorzustellen. Dazu gehört nicht zuletzt auch eine Methode zur Wahl Ihres Beraters. Im letzten Teil beschreibe ich, was Sie von einem versierten Wealth-Management-Experten erwarten dürfen. Prüfen Sie anhand der Kriterien, die ich Ihnen aufzeigen werde, sorgfältig das Profil Ihrer potenziellen Berater. Wenn Sie dies tun, dann wird Ihre Wahl gut überlegt sein.

# Schritt 1

## Ohne Planung geht es nicht. Definieren Sie Ihre Wünsche und Ziele.

Geld hat für jeden Menschen eine andere Bedeutung. Jeder hat seine eigenen Ziele, Wünsche und Träume, die er sich erfüllen möchte.

Die einen möchten finanzielle Unabhängigkeit, frei sein von Arbeitszwängen, selbst wenn sie gerne arbeiten. Die anderen möchten ihren Kindern oder Enkelkindern die bestmögliche Ausbildung ermöglichen oder das Startkapital für ein Unternehmen zur Hand geben. Dritte träumen von einem Haus am Meer oder in den Bergen. Wiederum andere haben dank einer erfolgreichen Karriere schon alle finanziellen Ziele erreicht und möchten nun ihr Geld wohltätigen Zwecken übergeben oder eine Stiftung gründen.

Was auch immer Ihre Träume sind, Sie benötigen Werkzeuge, um die passenden Entscheidungen zu treffen. Doch je größer und komplexer die Ziele sind, desto größer sind auch die Herausforderungen. Ein

Finanzkonzept für vermögende Menschen muss daher mehr sein als eine klassische Anlageberatung. Erfolgreiche Finanzkonzepte umfassen einen weiten zeitlichen Horizont.

Definieren Sie, was Vermögen für Sie bedeutet. Um zu verdeutlichen, was damit gemeint ist, hilft ein Blick ins Englische. Vermögen wird im Allgemeinen mit *wealth* übersetzt. Das englische Wort *wealth* bedeutet aber auch Fülle, Reichtum, Wohlstand, Besitz. So spricht man von einem *wealth of ideas,* von Ideenreichtum, oder von einem *wealth of time,* einer Fülle an verfügbarer Zeit. Vermögen ist also immer etwas Individuelles. Für die einen bedeutet es in erster Linie Reichtum im materiellen Sinne, für andere Unabhängigkeit oder die Möglichkeit, ein erfülltes Leben zu leben. Ein professionelles Finanzkonzept sollte die je gegebene Bedeutung dessen berücksichtigen, was der Kunde als Vermögen ansieht.

Wie erhält man ein solches Finanzkonzept? In der Regel geben Finanzunternehmen an, dass sie eine Vermögensverwaltung anbieten. Sie empfehlen Ihnen Anlageprodukte wie Fonds oder Aktien, die gerade im Trend liegen. Vielleicht schlagen Sie Ihnen auch weitere Dienstleistungen wie Altersvorsorge oder eine

Immobilienfinanzierung vor. Doch eine klassische Anlageberatung wird Ihren Ansprüchen zumeist nicht gerecht; sie betrachtet nicht Ihre gesamte Lebenssituation.

Ihre Wünsche, Werte und Ziele sind die Basis Ihres Anlagekonzepts. Je klarer und umfassender Sie Ihre Ziele formulieren, desto mehr Ruhe bringen Sie in Ihr Leben.

# Schritt 2

## Kennen Sie Ihre Risikobereitschaft? Definieren Sie sie.

Jeder Mensch, der wichtige Finanzentscheidungen trifft, sollte sich bewusst machen, wie weit seine Bereitschaft reicht, Risiken einzugehen. Wann immer Sie investieren, müssen Sie mit Risiken leben. Jede Strategie zur Renditemaximierung birgt Risiken. Keine Strategie, egal wie sorgfältig sie gewählt ist, kann Risiken gänzlich ausschließen.

Eine zweite Erkenntnis, die wir dem Nobelpreisträger Merton Miller verdanken, ist ebenso wichtig: Je höher das Renditeversprechen ist, desto höher ist das Risiko. Dies wird leider allzu häufig vergessen.

Bestimmen Sie Ihre Risikobereitschaft. Gute Beratung stützt sich neben der rationalen Betrachtung von Strategien auf die Einstellung zum Risiko, die der Kunde mitbringt. Eine aktuelle Studie des Beratungsunternehmens Spectrem Group zeigt: Vermögende Kunden verstehen die Bedeutung und wechseln ihren Berater, wenn sie den Eindruck gewinnen, dass ihre

Risikobereitschaft nicht ausreichend berücksichtigt wird. Ihre Risikobereitschaft beruht auf Ihren persönlichen Vorstellungen und Ihrer Lebenssituation. Das ist der zweite Pfeiler, auf dem Ihr Anlagekonzept aufbaut.

# Schritt 3

## Blenden Sie die Geräuschkulisse aus. Sie brauchen Ruhe.

Basis jeder klugen Entscheidung ist das Verständnis der Materie. Das ist einerseits banal, andererseits konterkarieren viele Anlegerberater diese simple Erkenntnis. Sie verwirren ihre Kunden mit Fachchinesisch und Anglizismen. Sie schüchtern ihre Kunden mit intransparenten Modellen ein. Der Anleger wird erschlagen von einer Begriffskakofonie.

Anlagenstrategien sind nicht kompliziert. In der Anlagewelt finden Sie, vereinfacht ausgedrückt, zwei konträre Grundüberzeugungen:

- Anleger glauben, sie könnten den Markt überlisten.
- Anleger glauben, sie könnten den Markt nicht überlisten.

Innerhalb der ersten Gruppe gibt es verschiedene Richtungen. Die einen meinen, sie könnten aus den Zehntausenden von Aktien, die weltweit im Umlauf sind, die Perlen auswählen. Die anderen denken, sie könnten die Entwicklung der Märkte wie ein Buch lesen. Und die Mehrzahl ist der Überzeugung, sie könnten sowohl Perlen finden als auch in die Zukunft schauen.

Lassen Sie uns ergründen, welche Anleger welche Überzeugungen haben und was Ihre eigenen Überzeugungen sind.

| | | Markttiming | |
|---|---|---|---|
| | | Ja | Nein |
| Einzeltitelauswahl | Ja | **Quadrant I**<br>**Lärmhörigkeit**<br>Großteil der Privatanleger<br>Finanzjournalisten | **Quadrant II**<br>**herkömmliche Weisheiten**<br>Finanzplaner<br>Großteil der Publikumsfonds |
| | Nein | **Quadrant III**<br>**taktische**<br>**Portfoliostrukturierung**<br>reines Markttiming<br>Portfoliostrukturierungsfonds | **Quadrant IV**<br>**Informationen**<br>Wissenschaftler<br>viele institutionelle Anleger |

Der erste Quadrant zeigt jene Anleger, die sich vom sogenannten Börsenlärm beeinflussen lassen. Die Anleger glauben, sie könnten den Märkten ein Schnippchen schlagen. Sie sind der Überzeugung, den Märkten voraus zu sein, was ihre Wahl sowohl der Anlagen

20

als auch der Zeitpunkte von Kauf und Verkauf betrifft. Sie meinen, die Entwicklung ganzer Marktsegmente prognostizieren zu können. Sie halten sich für Perlensammler und Zukunftsseher. Zu Unrecht. In Wirklichkeit erreicht die große Mehrheit dieser Anleger nicht einmal das durchschnittliche Marktergebnis, geschweige denn überdurchschnittliche Erträge.

Ein Großteil der Anleger, ob privat oder geschäftlich, bewegt sich im ersten Quadranten. Dieser Quadrant umfasst beispielsweise auch die sogenannten aktiv gesteuerten Investmentfonds. Ein Grund dafür liegt im Medienrauschen. Zeitungen, Zeitschriften und Fernsehsendungen schüren Hypes und berichten von außergewöhnlichen Erfolgsgeschichten – und vermitteln so den Eindruck, dass jeder den Markt überlisten kann, sofern er nur clever genug ist.

Im zweiten Quadranten finden Sie die »Perlensucher«. In dieser Kategorie siedelt sich ein Großteil der Finanzdienstleistungsbranche an. Die meisten Investmentprofis haben die Erfahrung gemacht, dass sie große Marktumschwünge nicht genau voraussagen können. Sie wissen, dass falsche Prognosen zu nachhaltigen Verlusten führen. Daher verlassen sie sich auf vermeintliche Autoritäten wie Marktanalysten und Portfoliomanager, die wiederum auf der Suche nach unterbewerteten Wertpapieren und Anlageoptionen sind. Der Gedanke dahinter: Wer sich nur weit genug in die Materie vertieft, der wird unweigerlich zum Experten, der die Perlen findet. Das Problem dieser Methode: In der Regel lassen sich die Kapitalmärkte nicht überlisten, da sie sehr effizient sind. Unentdeckte Perlen sind rar. Mit akribischen, aufwendigen Suchmethoden wird kein nachhaltiger Mehrwert geschaffen.

Im dritten Quadranten versammeln sich die »Zukunftsseher«. Anleger dieses Typs suchen sich bestimmte Marktsegmente heraus und strukturieren ihr Portfolio danach. Sie sind davon überzeugt, die Entwicklung dieser Marktsegmente voraussehen zu können. Sie kaufen Anlagen, wenn sie das gesamte Marktsegment für unterbewertet halten, und verkaufen sie, wenn der Markt vermeintlich seinen Höhepunkt erreicht. Doch warum sollten ganze Marktsegmente unterbewertet sein? Sind alle anderen Anleger blind?

Mit einem dieser drei Anlagestile können Sie vielleicht ab und an einzelne Erfolge erzielen, aber auf Dauer werden Sie scheitern.

Was diese Anlagestile vereint, ist Folgendes: Ihre Vertreter spekulieren. Sie glauben, cleverer oder schneller als der durchschnittliche Marktakteur zu sein. Oder sie sind »Astrologen«. Sie meinen, in den Sternen lesen zu können und demzufolge zu wissen, was die Zukunft bringt. Ein grundlegendes Merkmal dieser Art des Investierens ist: Die Erfolge stehen und fallen mit den Fehlern anderer. Gewinnchancen entstehen nur, wenn andere Anleger falsch liegen. Schließlich ist der Markt nichts anderes als die Summe der Investitionen.

Es stellt sich wieder die Frage: Warum sollte die Mehrzahl der anderen Anleger falsch liegen? Verfügen die anderen doch ebenfalls über große Research-Abteilungen, und basieren doch die Untersuchungen dieser Abteilungen der anderen auf den gleichen Studien und Zahlen. Der Markt ist keine Gruppe blinder Hühner mit einem einäugigen König. Die Zukunft kann nicht vorhergesagt werden. Von niemandem. Wer das verstanden hat, der wird niemals mehr enttäuscht sein.

Deshalb ist es nicht erstaunlich, dass zahlreiche wissenschaftliche Untersuchungen belegen, dass in den Quadranten I bis III nach Berücksichtigung von

Transaktionskosten und Steuern durchschnittlich schlechtere Erträge als im Gesamtmarkt erzielt werden. Es kommt noch ein weiterer Punkt hinzu, der für alle drei Formen dieses intensiven Anlegens gilt: Aktien und Anleihen werden in hoher Frequenz gekauft und verkauft. Für jede Transaktion fallen Gebühren an. Und die summieren sich.

Anleger im vierten Quadranten arbeiten anders. Sie wissen, dass sie den Markt nicht überlisten können. Im vierten Quadranten finden Sie Wissenschaftler und viele institutionelle Anleger. Diese erforschen nüchtern das Marktverhalten und folgen sodann einem rationalen Handlungsplan, der auf der Beobachtung und Analyse der realen Märkte beruht – und nicht auf Spekulationen. Sie versuchen nicht, einzelne Werte aus dem Marktangebot auszuwählen, sondern arbeiten mit dem gesamten Markt. Die Anleger im vierten Quadranten legen nach wissenschaftlichen Erkenntnissen Kriterien fest und nehmen alle Wertpapiere, die diesen Kriterien entsprechen, in ihr Portfolio auf. Sie kaufen die Aktien oder Anleihen und bewahren sie längerfristig auf. Aufgrund der vergleichsweise langen Haltefristen fallen erheblich geringere Transaktionskosten an, was wiederum zu höheren Erträgen führt.

Spekulieren Sie nicht. Dazu müssen Sie dem Medienrauschen gegenüber auf Abstand gehen. Oder besser noch, schotten Sie sich dagegen ab. Nur seriöse Informationen und weitsichtige Strategien sind eine solide Basis für Erfolg in der Geldanlage. Für erfolgreiche Anlagekonzepte gilt das alte Sprichwort: In der Ruhe liegt die Kraft.

# Schritt 4

## Diversifizieren Sie. Legen Sie nie alle Eier in einen Korb!

Diversifizierung ist in der Fachsprache das, was wir gemeinhin hin als Streuung bezeichnen. Für die meisten Menschen ist das Grundkonzept der Streuung einsichtig. Es lautet stark vereinfacht: Setzen Sie nicht alles auf eine Karte! Dennoch tappen viele Anleger in die Falle finanztechnischer »Monokultur«.

Wie sieht diese Falle aus?

Viele Anleger legen einen großen Teil ihres Anlagevermögens in den Aktien ihres Arbeitgebers an. Auch wenn sie wissen, dass sie möglicherweise ein zu großes Risiko eingegangen sind, ändern sie nichts daran. Sie rechtfertigen ihr Anlageverhalten beispielsweise damit, dass sie erhebliche Steuern zu zahlen hätten, wenn sie ihre Aktien verkaufen würden. Hinzu kommt der emotionale Aspekt, denn schließlich sind sie Teil des Unternehmens.

Andere Anleger kaufen über Jahre die gleichen Aktien, weil sie mit diesen Titeln vertraut sind. Man könnte sagen, sie fühlen sich dem betreffenden Unternehmen persönlich verbunden. Die Folge: Sie denken, sie würden das Unternehmen und den Markt kennen – mit dem Ergebnis, dass sie sich in falscher Sicherheit wiegen.

Eine dritte Gruppe von Anlegern setzt maßgeblich auf Titel aus einer bestimmten Wirtschaftsbranche, meist einer solchen, der sie nahesteht. Die Anleger in dieser Gruppe glauben, sie hätten effektiv gestreut, weil sie eine Reihe verschiedener Aktien halten. Wer jedoch seine Auswahl unter vielen Titeln aus einer bestimmten Branche trifft, beispielsweise der Hightech-Branche, der ist weit davon entfernt, tatsächlich zu diversifizieren. Stattdessen sitzt er im Achterbahn-Waggon der Branche fest. Wenn es mit der Branche abwärtsgeht, kann er oder sie nicht gegensteuern.

Diese drei Beispiele haben ungeachtet ihrer jeweiligen Besonderheiten eines gemeinsam: Die Anleger lassen sich in einem gewissen Übermaß von ihren Gefühlen leiten.

# Schritt 5

## Die Emotionskurve. Anleger-Gefühle können teuer werden.

Stellen wir uns einen beliebigen Anleger vor, der einen heißen Tipp erhält. Außerdem wollen wir davon ausgehen, dass dieser Anleger vorsichtig ist. Das heißt, er kauft die Aktie nicht spontan, sondern er beobachtet sie zunächst. Er registriert mit Wohlwollen, wie ihr Kurs kontinuierlich steigt.

Welches Gefühl entwickelt sich bei ihm? Vertrauen. In dem Anleger wächst die Überzeugung, dass besagter Tipp goldrichtig war. Das gute Gefühl steigt in ihm auf, dass die Aktie ihm viel Geld einbringen wird. Wenn nun der Kurs seinen Aufwärtstrend fortsetzt, dann setzt ein neues Gefühl ein: Gier. Der Anleger entscheidet, die Aktien noch am selben Tag zu kaufen.

Doch nun findet ein Kälteeinbruch statt: Der Aktienkurs beginnt schon kurz nach dem Kauf zu sinken. Nun ist es nicht mehr die Gier, die den Anleger antreibt, sondern ein anderes Gefühl: Angst. Der Anleger beginnt zu ahnen, dass er einen schweren Fehler gemacht haben könnte. Er nimmt sich vor, die Aktie sofort zu verkaufen, sobald sie wieder das Niveau erklommen hat, auf dem er sie gekauft hat. Er schwört sich, nie wieder einen solchen Fehler zu machen.

Was aber, wenn der Abwärtstrend anhält und der Aktienkurs immer weiter sinkt? In diesem Fall verstärkt sich die Angst und geht über in Panik. Der Anleger will nicht mehr warten, bis die Aktie wieder das Kursniveau erreicht hat, auf dem er sie erworben hat, und verkauft sie. Sofort.

Kurz darauf stellen sich neue Informationen ein, die eine Trendumkehr bewirken. Das gute Wetter kehrt zurück und die Aktie schnellt auf ein neues, bisher nicht da gewesenes Hoch. Was bleibt unserem Anleger, der vor der Trendwende verkauft hat, anderes als Enttäuschung?

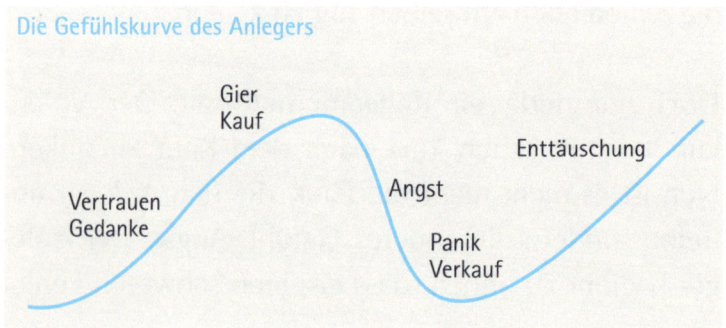

Die Gefühlskurve des Anlegers

Gier
Kauf

Enttäuschung

Vertrauen
Gedanke

Angst

Panik
Verkauf

Menschen sind für Investitionsgeschäfte generell schlecht ausgerüstet. Gefühle sind mächtige Kräfte, die uns häufig dazu veranlassen, das Gegenteil dessen zu tun, was wir tun sollten. Unsere Gefühle verführen uns dazu, bei hohen Kursen zu kaufen und bei niedrigen zu verkaufen. Wenn Sie genauso verfahren wie unser x-beliebiger Anleger, dann schaden Sie nicht nur Ihrem Portfolio, sondern bringen vor allem auch Ihre finanziellen Pläne in Gefahr.

Die erfolgreichsten Anleger der Welt legen quer durch verschiedene Anlageformen an und mindern so das Risiko, ohne dabei den Ertrag zu schmälern. Sie streuen im wohlverstandenen Sinne, denn sie haben gelernt, dass es nicht möglich ist, mit Sicherheit zu prognostizieren, welche Aktien und Anlageformen sich in den nächsten Jahren am besten entwickeln werden. Aus diesem Grund folgen sie einem ausgewogenen Ansatz, streuen breit und bleiben ihrer Auswahl treu, Marktschwankungen zum Trotz.

# Schritt 6

## Geringere Volatilität für einen höheren Ertrag. Fahren Sie auf ruhiger See.

Angenommen, Sie wägen zwischen zwei Anlagekonzepten ab. Beide bieten eine erwartete Jahresrendite von 8 Prozent über einen Zeitraum von fünf Jahren. Welches ist das bessere?

Eigentlich sollte man meinen, dass beide Anlagekonzepte denselben Endwert (das heißt denselben Wert am Ende der gegebenen Laufzeit) besitzen. Dies ist aber nur dann richtig, wenn beide Anlagekonzepte denselben Schwankungsgrad aufweisen. Man spricht hier auch von Volatilität. Wenn aber eines der beiden Anlagekonzept volatiler als das andere ist, also stärkeren Schwankungen unterliegt, dann werden sich die Gesamtrenditen und die Werte am Ende der Anlageperiode unterscheiden. Es lässt sich mathematisch leicht nachweisen, dass Konzepte mit geringerer Volatilität eine höhere Gesamtrendite erzielen.

Die folgende Tabelle verdeutlicht dies an einem Beispiel. Nehmen wir an, es wurden jeweils 250.000

Euro in die beiden zur Wahl stehenden Anlagekonzepte investiert. Sie sehen, dass zwei Anlagen mit ein und derselben durchschnittlichen Jahresrendite von 8 Prozent aufgrund der verschiedenen Schwankungskurven nach fünf Jahren ein unterschiedliches Vermögen ergeben. Ihr Ziel muss es daher sein, Ihr Anlagekonzept so zu gestalten, dass es möglichst keine extremen Schwankungen aufweist.

| Jahr | Konsistentes Investment A | | Volatiles Investment B | |
|---|---|---|---|---|
| | Rendite | Endwert | Rendite | Endwert |
| 1 | 8,0 % | 270.000 EUR | 30,0 % | 325.000 EUR |
| 2 | 8,0 % | 291.600 EUR | - 20,0 % | 260.000 EUR |
| 3 | 8,0 % | 314.928 EUR | 25,0 % | 325.000 EUR |
| 4 | 8,0 % | 340.122 EUR | - 20,0 % | 260.000 EUR |
| 5 | 8,0 % | 367.322 EUR | 25,0 % | 325.000 EUR |
| Arithmetischer Durchschnitt | 8,0 % | | 8,0 % | |

Anmerkung: Die Durchschnittsrendite wurde als arithmetisches Mittel berechnet.

Die folgende Abbildung zeigt zwei Portfolios mit einer vergleichbaren durchschnittlichen Jahresrendite. Als umsichtiger Anleger bevorzugen Sie den „sanfteren Ritt" von Anlagekonzept A. Nicht nur, um Ihre Nerven zu schonen, sondern vor allem deswegen, weil Sie Ihr Vermögen vermehren wollen, für sich und die nachfolgenden Generationen.

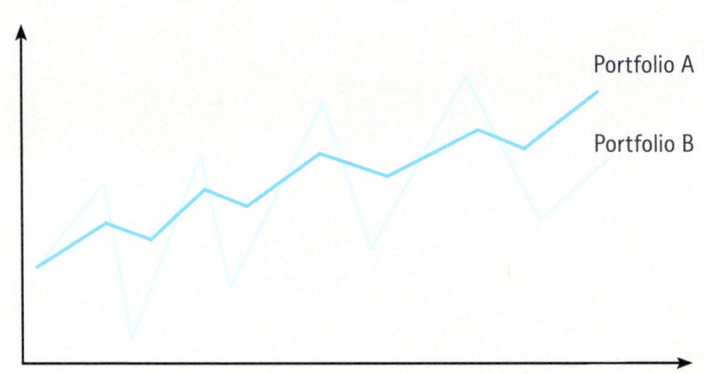

# Schritt 7

## Globale Vielfalt mindert Risiken und steigert Ihren Ertrag.

Viele Anleger neigen dazu, Anlagen aus dem heimischen Wirtschaftsraum zu kaufen. Der Grund ist einfach und verständlich: Sie fühlen sich sicherer, wenn sie in Firmen investieren, die sie kennen und deren Produkte sie verwenden. Unbekannte Unternehmen bergen unbekannte Risiken. So der Gedanke.

Hier ist von Bedeutung: Die globale Streuung Ihrer Anlagen reduziert das Gesamtrisiko. Da Märkte sich in der Regel nicht gleich entwickeln, schwächen Sie die Bedeutung regionaler Marktschwankungen ab, wenn Sie Ihr Augenmerk auf mehrere Märkte legen. Zudem erhöhen Sie deutlich Ihre Chancen, in erstklassige internationale Unternehmen zu investieren – und somit die Chance, Ihr Vermögen zu vermehren.

# Schritt 8

## Das richtige Werkzeug macht den Unterschied.

Ein professioneller Handwerker verfügt nicht nur über eine erstklassige Ausbildung, er verwendet auch professionelles Werkzeug. Er weiß: Wenn er minderwertige Arbeitsgeräte und Materialien verwendet, kommen ihn diese früher oder später teuer zu stehen. Die erfolgreichsten Anleger setzen auf eine komplette Marktabdeckung. Sie setzen auf ein Modell, das einen definierten Markt abbildet. Das Werkzeug, das sie benutzen, heißt Anlageklassenfonds oder Indexfonds.

In einem Indexfonds werden Anlagewerte – das können Aktien oder Anleihen sein – nach bestimmten Kriterien gebündelt. In diesen Fonds befinden sich nicht einzelne ausgewählte Aktien, sondern Bündel von Aktien und Anleihen, die den vorher definierten Markt widerspiegeln. Nehmen wir das Beispiel des Deutschen Aktienindex DAX. Es gibt Fonds, die sich am DAX orientieren, sogenannte DAX-Index-Fonds. Der Fondsmanager sucht unter den deutschen Unternehmen nicht diejenigen heraus, von denen er persönlich sich die größte Rendite verspricht, sondern er nimmt unabhängig von seinen persönlichen Erwartungen alle im DAX versammelten Unternehmen in seinen Fonds auf. Er betreibt Indexing – allerdings ein noch recht eindimensionales, denn der DAX umfasst Werte aus nur einer Anlageform – Aktien – und aus nur einer Wirtschaftsregion – Deutschland.

Anlageklassenfonds, zu denen in der Regel nur institutionelle Anleger und sehr wohlhabende Menschen Zugang haben, bündeln Werte von Hunderten oder Tausenden verschiedenen Unternehmen, die rund um den Globus angesiedelt sind. Sie legen Kriterien und Kennzahlen fest und stellen den Kennzahlen gemäß einen riesigen Korb zusammen. Der Korb kann Aktien und Anleihen beinhalten, Aktien aus Groß- und Kleinunternehmen einbeziehen und aus Wachstums- und Substanzwerten bestehen. Substanzwerte ließen sich vergleichen mit ausgereiften, alten Weinen, deren Lagerfähigkeit noch viele Jahre oder sogar Jahrzehnte erhalten bleibt, Wachstumswerte demgegenüber mit jungen Weinen aus vielversprechenden Lagen, die aber ihre Qualität noch nicht unter Beweis gestellt haben.

Jeder Korb wird individuell zusammengestellt. Ist er einmal gefüllt, dann bleibt seine Zusammensetzung gleich, unabhängig davon, wie sich die einzelnen Aktien in dem Korb entwickeln. Anlageklassenfonds akzeptieren die Gesetze des Kapitalmarktes. Der Markt ist, wie er ist. Er lässt sich nicht überlisten.

Womöglich fragen Sie sich jetzt, wie diese Kennzahlen und Kriterien aussehen. In wissenschaftlichen Untersuchungen wurden die drei folgenden allgemeingültigen Gesetzmäßigkeiten ermittelt, die in die Kriterienauswahl einfließen:

1. Aktien bergen ein höheres Risiko als Anleihen.
2. Aktien kleinerer Unternehmen lassen eine höhere Rendite erwarten als Aktien größerer Unternehmen.
3. Substanzwerte lassen eine höhere Rendite erwarten als Wachstumswerte.

Auf der Basis dieser Erkenntnisse lassen sich Anlageklassen definieren und sodann nach spezifischen Risikofaktoren Anlageklassenfonds zusammenstellen.

Vier wesentliche Merkmale machen Anlageklassenfonds attraktiv. Diese sind im Folgenden kurz beschrieben.

## 1. Niedrige Betriebskosten

Jeder Fonds ist mit Kosten verbunden. Es fallen Verwaltungskosten (zum Beispiel in Form der Vergütungen der Fondsmanager), administrative Kosten (zum Beispiel in Form von Vertriebsprovisionen) und Kosten der Verwahrung der Wertpapiere (Depotgebühren) an. All diese Kosten muss letztlich der Anleger tragen. Sie werden im Verhältnis zu den Vermögenswerten in Prozent ausgedrückt. Beispielsweise liegt laut dem deutschen Fondsverband BVI der durchschnittliche Ausgabeaufschlag bei Aktienfonds und gemischten Fonds im Bereich von 3 bis 6,25 Prozent (Stand September 2014). Bei Rentenfonds liegt er zwischen 2 und 4 Prozent.

Gemäß dem Investment Company Institute liegt die Ausgabenquote aller Fonds (das heißt der Anteil der Verwaltungs- und der administrativen Kosten am jahresdurchschnittlichen Fondsvolumen) bei 1,51 Prozent (Stand 31. Dezember 2013). Bei aktiv gemanagten Fonds ist diese Quote im Vergleich mit institutionellen Anlageklassenfonds dreimal höher.

Die Rechnung ist einfach: Wenn alle anderen Faktoren gleich sind, liegen höheren Erträgen geringere Kosten zugrunde.

## 2. Geringerer Umschlag und dadurch geringere Kosten

Viele Fondsmanager kaufen und verkaufen in hoher Frequenz, um Mehrwert zu schöpfen. Dem Anleger kommt dies aber teuer zu stehen, da bei jeder Transaktion Kosten wie Provisionen, Margen und Kosten aus Markteinflüssen anfallen. Diese verborgenen Kosten summieren sich zu Beträgen, die höher als die operativen Kosten sind, insbesondere dann, wenn der Fonds in Nebenwerte investiert oder häufig umgeschichtet wird.

Institutionelle Anlageklassenfonds schlagen in der Regel erheblich weniger um, da die institutionellen Anleger von den Fondsmanagern bestimmte Anlageklassenrenditen erwarten, was nur darstellbar ist, wenn die Kosten so gering wie möglich ausfallen.

### 3. Geringerer Umschlag und dadurch niedrigere Steuern

Anlagefonds müssen jedes Jahr 98 Prozent des versteuerbaren Ertrags ausschütten, um auf Unternehmensebene steuerbefreit zu bleiben. Kein Fondsmanager möchte seine Leistung durch Körperschaftsteuern gemindert sehen. Deshalb nehmen die Fondsmanager dann, wenn beim Verkauf von Fondsanteilen Gewinne entstehen, jährliche Gewinnausschüttungen an die Anteilsinhaber vor.

Die Wirtschaftswissenschaftler John B. Shoven und Joel M. Dickson von der Universität Stanford konnten zeigen, dass zu versteuernde Ausschüttungen die Rendite vieler Aktienfonds beeinträchtigen. Sie fanden heraus, dass ein Anleger in einer hohen Steuerklasse, der die Ausschüttungen nach Steuern reinvestiert, am Ende je investierter Geldeinheit lediglich einen Anteil von 45 Prozent des vom Fonds veröffentlichten Ergebnisses erzielt. Ein Anleger in einer mittleren Steuerklasse erreicht lediglich 55 Prozent.

Da institutionelle Anlageklassenfonds eine geringere Umschichtungsquote aufweisen und dementsprechend gut koordiniert die Gewinne ausschütten, ist die Steuerbelastung für die Investoren niedriger.

## 4. Stetig gepflegte Marktsegmente

Die Wissenschaft ist sich einig: Die möglichen Gewinne hängen maßgeblich von der Strukturierung des Fondsvermögens ab, das heißt davon, wie und in welchem Umfang es in Aktien kleiner und großer Unternehmen, in Substanzwerte und Wachstumswerte und gegebenenfalls auch in Anleihen investiert wird. Der entscheidende Erfolgsfaktor ist Kontinuität. Anlageklassenfonds richten nicht die Nase nach dem Wind, sondern halten den festgelegten Kurs. In herkömmlichen Anlageformen kann es hingegen vorkommen, dass der Fondsmanager einen sogenannten Style Drift vornimmt, das heißt, ohne Wissen des Anlegers die Anlagestrategie wechselt.

# Schritt 9

## Entwerfen Sie Ihr effizientes Portfolio. Finden Sie Ihre Balance.

Seit 1972 wenden institutionelle Anleger ein wissenschaftliches Anlagekonzept an, das als moderne Portfoliotheorie bekannt wurde. Es wurde an der Universität von Chicago von Harry Markowitz und Merton Miller entwickelt und später von Stanford-Professor William Sharpe erweitert. Markowitz, Miller und Sharpe erhielten für ihre Arbeiten zur Anlagemethodik 1990 gemeinsam den Nobelpreis für Wirtschaftswissenschaften.

Die Wissenschaftler gingen den folgenden Fragen nach:

1. Wie lässt sich die richtige Streuung wissenschaftlich begründen und quantifizieren?
2. Welche und wie viele Wertpapiere müssen in ein Portfolio aufgenommen werden, das die richtige Streuung aufweist?

Ihr Ziel war es, das Verhältnis der Streuung von Anlagewerten über verschiedene Märkte, Regionen und Anlageformen zum Risiko messbar zu machen. Das

Ergebnis: Es besteht eine Wechselwirkung zwischen Streuung, Risiko und Ertrag. Bei gleicher Renditeerwartung sorgt eine hohe Streuung für ein geringeres Risiko. Risiken verschiedener Anlagen addieren sich in der Regel nicht, da jede Anlage auf zukünftige Ereignisse unterschiedlich reagiert. Deshalb kann in einem Portfolio das Risiko einer Anlage durch das Risiko einer oder mehrerer anderer ausgeglichen werden. Voraussetzung dafür ist, dass die betrachteten Anlagen nicht in Wechselwirkung zueinander stehen bzw. dass sie unabhängig voneinander sind.

Um den Ertrag eines Vermögensbestands zu maximieren oder dessen Risiken zu minimieren, müssen die einzelnen Anlageobjekte gegeneinander ausbalanciert werden. Zwar sind Ertrag und Risiko untrennbar miteinander verbunden, durch Streuung lässt sich allerdings ein besseres Verhältnis dieser beiden Pole zueinander erzielen.

Um das Konzept klar zu machen, verdeutlichen wir es am Beispiel eines Korbes, den wir mit Obst füllen. Für jeden Anleger legen wir in einen Obstkorb verschiedene Apfelsorten. Einige Sorten stehen für schnelle Blüte und hohen Ertrag, sind aber frostanfällig. Andere sind resistenter, doch dafür tragen die Bäume nicht so viele Früchte. Einige Äpfel wachsen in der Pfalz und sind im Anbau kostenintensiver, andere wachsen günstig in Südamerika. Fällt in einem Land die Ernte aufgrund von Frost oder Schädlingen geringer aus, so fängt die Ernte im anderen Land den Verlust ab. Wird eine Sorte von Schädlingen befallen, so sorgt die andere, schädlingsfreie Sorte dafür, dass der Verlust weniger herb ausfällt. Diesem Korb können wir nun Birnen beimischen. Jede Obstsorte ist mit einem Risiko und einer Ertragserwartung verbunden, jeder Obstkorb ist durch unterschiedliche Sorten als Ganzes abgesichert. Denn die Risiken korrelieren nicht miteinander, das heißt, sie verhalten sich nicht gleichförmig zueinander, da es sich um verschiedene Obstsorten und Anbaugebiete handelt.

Wie sieht das in der Praxis aus? Auf dem Finanzmarkt stehen Aktien in der geringsten Wechselwirkung mit Anleihen. Aktien sind eher auf Wachstum ausgelegt, Anleihen eher auf Werterhalt. Anlageklassenfonds nutzen diese Relation aus und stellen Körbe aus Aktien und Anleihen zusammen. Aber wie erwähnt stellen sie nicht nur Körbe aus Äpfeln und Birnen zusammen, sondern mischen auch die jeweiligen Sorten. Sie mischen Aktien von Wachstumsunternehmen mit solchen von Substanzunternehmen. Sie kombinieren große Aktiengesellschaften mit kleinen. Und die Dosierung der jeweiligen Anteile des Vermögens, das einerseits in Aktien gebunden wird und andererseits in Anleihen, spiegelt im Idealfall exakt die Risikoneigung des Anlegers wider.

Indem jedes Portfolio als Kombination aus einem gegebenen Risikoniveau und einer gegebenen Renditeerwartung abgebildet wird, kann die Schar der effizienten Portfolios mathematisch durch eine Kurve wie diejenige in der folgenden Abbildung beschrieben werden. Diese Kurve bildet die sogenannte Effizienzgrenze.

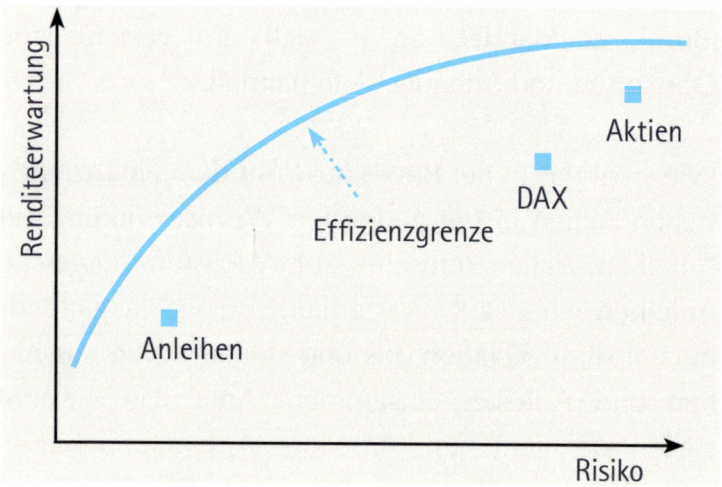

Die Effizienzgrenze illustriert den Bereich der effizienten Portfolios im Verhältnis zum gesamten Markt.

Die meisten Anlegerportfolios sind unterhalb der Effizienzgrenze angesiedelt. Insbesondere aktiv gesteuerte Fonds fallen in diesen Bereich. Aber auch Portfolios wie der DAX-Indexfonds, der oft als Messlatte für den Markt verwendet wird, sind nicht effizient, sobald man sie mit anderen, ein breiteres Spektrum von Anlageklassen umfassenden Portfolios vergleicht. Das heißt, Anleger können eine gegebene Rendite bei geringerem Risiko oder eine höhere Rendite bei gegebenem Risiko erwarten, sofern sie die Streuung ihres Anlagevermögens anpassen.

Die erfolgreichsten Anleger der Welt bedienen sich zur Ermittlung des Portfolios, das auf ihre persönliche Risikoneigung abgestimmt ist, des wissenschaftlich fundierten Modells der effizienten Portfolios nach Markowitz, Miller und Sharpe sowie – selbstredend – einer Vielzahl aktueller Kapitalmarktstudien. Die Aufgabe Ihres Beraters ist es, auch Ihnen zu helfen, den höchstmöglichen Ertrag zu erzielen – je nachdem, welche Risikotoleranz Sie besitzen. Gelingt dies, so haben Sie beste Chancen, Ihre finanziellen Ziele zu erreichen.

# Was ist von Ihrer Seite aus zu tun?

## Ihre nächsten Schritte

Vertrauen ist das wichtigste Kapital jeder Beratung. Vertrauen bildet sich nur im persönlichen Gespräch. Deswegen sollten Sie den persönlichen Kontakt zu einem versierten Berater aufnehmen.

Wie wir zu Beginn dieser Broschüre veranschaulicht haben, erfordert ein erfolgreicher Ansatz zur Erreichung Ihrer Ziele und Wünsche eine ausgereifte und umfassende Beratung. Studien zeigen, dass Anleger, die einen professionellen Berater hinzuziehen, im Vergleich mit solchen, die isoliert über ihre Investitionsgeschäfte entscheiden, eine Mehrrendite von bis zu 3 Prozentpunkten im Jahr erzielen.

Wichtige Gründe dafür haben wir bereits beschrieben. Das ist jedoch noch nicht alles. Auch die Art der Vermögensplanung und das Beziehungsmanagement spielen eine große Rolle.

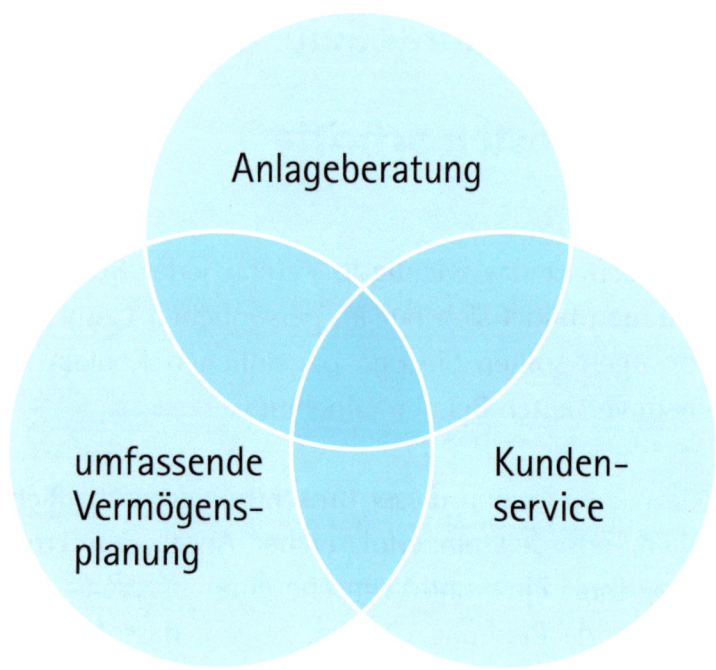

Die besten Berater sind Experten im Beziehungsmanagement. Zuerst bauen Sie eine Beziehung zu ihren Kunden auf, um deren Lebenssituation und besondere Bedürfnisse zu verstehen.

Eine so breite Palette finanzieller Herausforderungen erfordert auch ein breites Fachwissen. Da niemand auf allen Gebieten Experte sein kann, arbeiten die besten Berater mit spezialisierten Finanzexperten aus verschiedenen Bereichen zusammen.

Beispiele für diese Bereiche sind

- Vermögenssteigerung,
- Vermögensübertragung,
- Vermögensschutz,
- Stiftungsgründung oder
- Kapitalaufbau für Kinder oder Enkel.

Je nach dem konkreten Fall bespricht der Berater die Kundenbedürfnisse mit seinem Spezialisten in seinem Netzwerk und holt sich zusätzlichen Rat und Sachverstand. In seinem Netzwerk befinden sich idealerweise auch Anwälte, Steuerberater und Nachlassplaner, die für bestimmte Leistungen unerlässlich sind. Er gleicht die Vorschläge ab und bewertet und koordiniert sie im Sinne des Kunden. So entsteht ein Wissensnetzwerk, das alle Punkte der umfassenden Vermögensplanung abdeckt.

In der Finanzdienstleistungsbranche tummeln sich viele Unternehmen, die sich die Vermögensverwaltung auf ihre Fahnen geschrieben haben. Die meisten dieser Unternehmen bieten jedoch wenig mehr als Anlageverwaltung. Wie können Sie also wissen, ob Sie es mit einem Vermögensverwalter zu tun haben, der zu Ihnen passt? Wer deckt die gesamte Palette der Serviceleistungen ab?

Neben den bereits genannten Punkten ist ein weiterer wichtiger Punkt die Unabhängigkeit des Beraters. Nur wenn dieser Punkt gewährleistet ist, können Sie Anlageempfehlungen erwarten, die frei sind von Interessen Dritter und deren Zweckmäßigkeit auf Ihrer Lebenssituation und Ihren persönlichen Bedürfnissen aufbaut.

Die erfolgreichsten Anleger der Welt arbeiten mit ihrem Berater ausschließlich auf Honorarbasis. In diesem Modell wird der Berater für seine Leistungen nach Maßgabe der Höhe des betreuten Vermögens bezahlt und nicht aufgrund der Anlagen, die er seinem Kunden vermittelt. Nur so kann er wirklich unabhängig und im Sinne seines Kunden beraten und agieren. Ein unabhängiger Berater baut eine beständige Beziehung auf, die dafür sorgt, dass Ihre Bedürfnisse auch dann befriedigt werden, wenn sie sich mit der Zeit ändern.

Eine fundierte Beratung vollzieht sich im Rahmen mehrerer Besprechungen.

### 1. Ihre aktuelle Situation wird aufgenommen.

Der Berater erfasst Ihre Finanzlage, bespricht mit Ihnen Ihre Ziele, Wünsche und Bedürfnisse und spricht mögliche Hindernisse an, die es zu überwinden gilt.

### 2. Das Anlagekonzept wird präsentiert.

Bei dieser Besprechung stellt der Berater Perspektiven und Möglichkeiten vor, wie Sie Ihre Ziele und Wünsche besser erreichen können. Gleichzeitig stellt er Ihnen das Investment-Policy-Statement vor.

### 3. Die Zusammenarbeit wird vereinbart.

Nach einer Bedenkzeit, in der Sie die vom Berater erstellten Analysen, Konzepte und Empfehlungen beurteilen, entscheiden Sie und der Berater im Austausch miteinander, ob eine Zusammenarbeit beiden Seiten einen Mehrwert verspricht. Ist dies der Fall, so spricht nichts gegen den Abschluss einer Vereinbarung.

### 4. Die Implementierung wird organisiert und gestützt.

In dieser Phase kontrolliert der Berater mit Ihnen gemeinsam den Fortschritt in der praktischen Umsetzung des erstellten Anlagekonzepts und hilft Ihnen dabei, Ordnung und Klarheit in Ihre Finanzunterlagen zu bringen.

## 5. Die Strategie wird überprüft.

In einem ständigen Dialog werden regelmäßig die Fortschritte beraten. Angesichts von Veränderungen in Ihrem Leben treffen Sie sich in zweckmäßigen Abständen mit Ihrem Berater und prüfen die Entwicklung Ihres Vermögens. Gegebenenfalls treten Umstände ein, die eine Anpassung Ihres Anlageplans erforderlich machen. Außerdem präsentiert der Berater Ihnen das Konzept der umfassenden Vermögensplanung, das er gemeinsam mit seinem Expertennetzwerk erarbeitet hat. In weiteren Treffen entscheiden Sie zusammen mit Ihrem Berater, welche Punkte des umfassenden Konzepts realisiert werden sollen und welche nicht. Das Ziel: ein langfristiger und nachhaltiger Vermögenserhalt und Vermögensaufbau, der Ihre unterschiedlichen Lebensphasen berücksichtigt.

Bekommen Sie von Ihrem Berater jederzeit hervorragenden Service? Werden Ihre Fragen jederzeit schnell und ausführlich beantwortet? Nimmt sich Ihr Berater immer Zeit für Sie, wann immer Sie ihn sprechen möchten? Sie können erwarten, als sehr wichtiger

Kunde behandelt zu werden. Denn Sie sind es.

Wenn Sie bereits mit einem Finanzberater zusammenarbeiten und unsicher sind, ob er den beschriebenen Anforderungen entspricht, empfehlen wir Ihnen: Vergleichen Sie. Holen Sie eine zweite Meinung ein. Nehmen Sie Kontakt zu einem Berater auf, der sich den oben beschriebenen Beratungsprozess zu eigen gemacht hat. Lassen Sie sich von ihm auf der Grundlage Ihrer Risikotragfähigkeit und unter Berücksichtigung Ihrer Ziele, Wünsche und Bedürfnisse ein alternatives Anlagekonzept ausarbeiten.

Dann vergleichen Sie, ob Ihr derzeitiger Berater alle Kriterien erfüllt, die Ihnen wichtig sind. Wenn ja: Herzlichen Glückwunsch. Wenn auch nur ein Punkt fehlt: Suchen Sie weiter. Gehen Sie keine Kompromisse ein. Sie schulden es sich und Ihrer Familie, dafür zu sorgen, dass Ihr Anlagekonzept und Ihre Vermögensverwaltung insgesamt so gestaltet werden, dass beides Ihren Bedürfnissen vollständig entspricht. So bringen Sie Ruhe in Ihr Leben und können darauf vertrauen, dass Sie Ihre finanziellen Ziele erreichen.

# Quellen

Bowen Jr., John J. (2012): The Wealth Management Edge. Unlocking the Wealth-Building Secrets of America's Most Successful Affluent Families, CEG Worldwide, LLC, San Marin (CA) 2012.

Miller, Merton H. / Modigliani, Franco (1958): The Cost of Capital. Corporation Finance and the Theory of Investment, in: American Economic Review, Band 48 (1958), S. 261-297.

The Spectrem Group (2013): Spectrem Group's eZine HNW Investors' Risk Tolerance, http://spectrem.com/Content_Product/Risk-Tolerance.aspx.

Bikker, Jacob A. / Spierdijk, Laura / van der Sluis, Pieter Jelle (2007): Market Impact Costs of Institutional Equity Trades, in: Journal of International Money and Finance, Bd. 26/6 (2007), S. 974-1000.

Blake, Christopher R. / Elton, Edwin J. / Gruber, Martin J. (1993): The Performance of Bond Mutual Funds, in: The Journal of Business, Bd. 66 (1993), S. 371-403.

Carhart, Mark M. / Carpenter, Jennifer N. / Lynch, Anthony W. / Musto, David K. (2000): Mutual Fund Survivorship, unveröffentlichtes Manuskript, 12. September 2000.

Elton, Edwin J. / Gruber, Martin J. / Das, Sanjiv / Hlavka, Matt (1993): Efficiency with Costly Information. A Reinterpretation of Evidence from Managed Portfolios, in: The Review of Financial Studies, Bd. 6 (1993), S. 1-22.

Jensen, Michael C. (1967): The Performance of Mutual Funds in the Period 1945-1964, in: Journal of Finance, Bd. 23, Nr. 2 (1967), S. 389-416.

Schneider, Lukas (2007): Are UK Fund Investors Achieving Fund Rates of Return? An Examination of the Difference between UK Fund Returns and UK Fund Investors' Returns, Diplomarbeit an der Fachhochschule Kufstein, unveröffentlichtes Manuskript, Kufstein 2007.

Burnside, Daniel J. / Chambers, Donald R. / Zdanowicz, John S. (2004): How Many Stocks Do You Need to Be Diversified?, in: AAII Journal, Juli 2004, S. 66-71.

Sherden, William A. (1999): The Fortune Sellers. The Big Business of Buying and Selling Predictions, New York 1999.

Taleb, Nassim Nicholas (2007): The Black Swan. The Impact of the Highly Improbable, New York 2007.

Tetlock, Philip E. (2005): Expert Political Judgment. How Good Is It? How Can We Know?, Princeton University Press 2005.

Zweig, Jason (2007): Your Money and Your Brain. How The New Science Of Neuroeconomics Can Help Make You Rich, New York 2007.

Sharpe, William (1964): Capital Asset Prices. A Theory of Market Equilibrium under Conditions of Risk, in: Journal of Finance, Bd. (1964), S. 425-442.

Miller, Merton H. / Modigliani, Franco (1958): The Cost of Capital, Corporation Finance and the Theory of Investment, in: American Economic Review, Bd. 48 (1958), S. 261-297.

Dimson, Elroy / Marsh, Paul / Staunton, Mike (2011): Credite Suisse Global Investment Returns Sourcebook 2011, Zürich.

Fama, Eugene F. / French, Kenneth R. (1992): The Cross-Section of Expected Stock Returns, in: The Journal of Finance, Bd. 47, Ausgabe 2 (1992), S. 427-465.

Wohleb, Dirk / Jochims, Dörte (2011): Mit welchen Kosten Fonds-Käufer rechnen müssen, Handelsblatt online, www.handelsblatt.com, 8. März 2011.

Investment Company Institute (2014): Investment Company Fact Book 2013, Washington.

Odean, T. (1999): Do Investors Trade too Much?, in: American Economic Review, Bd. 89 (1999), S. 1279-1298.

Brinson, Gary P. / Hood, L. Randolph / Beebower, Gilbert L. (1986): Determinants of Portfolio Performance, in: Financial Analysts Journal, Bd. 42, Nr. 4 (1986), S. 39-44.

Markowitz, Harry M. (1952): Portfolio Selection, in: Journal of Finance, Bd. 7 (1952), S. 77-91.

Blanchett, David / Kaplin, Paul (2013): Alpha, Beta, and Now ... Gamma, in: Morningstar Investment Management, 28. August 2013.

Kinniry Jr., Francis M. / Jaconetti, Colleen M. / DiJoseph, Michael A. / Zilbering, Yan (2014): Putting a Value on Your Value. Quantifying Vanguard Advisor's Alpha, in: Vanguard Research, März 2014.